Café Dubois: A Bilingual French-English Story

Artici Bilingual Books

Published by Artici Bilingual Books, 2024.

CAFÉ DUBOIS: A BILINGUAL FRENCH-ENGLISH STORY

First edition. April 10, 2024.

Copyright © 2024 Artici Bilingual Books.

ISBN: 979-8224438495

Written by Artici Bilingual Books.

Table of Contents

Un Accueil Chaleureux

Au cœur de Montmartre, niché parmi les rues pavées et les bistros pittoresques, se dressait le Café Dubois, un havre chéri des habitants et un joyau caché pour les touristes. Avec son atmosphère cosy, son arôme invitant de café fraîchement infusé et le doux son du jazz flottant dans l'air, c'était un endroit où le temps semblait s'arrêter.

Amélie Dubois, une femme d'une grâce douce et d'une détermination silencieuse, avait passé son enfance dans les murs de ce café, se délectant de la chaleur de l'amour de ses parents et des rires des fidèles clients. Mais quand la tragédie frappa et que ses parents décédèrent subitement, le poids de l'héritage du café reposa sur ses épaules.

Alors qu'Amélie se tenait derrière le comptoir, examinant les alentours familiers avec un mélange de nostalgie et d'appréhension, elle ne put s'empêcher de se sentir intimidée par la tâche qui l'attendait. Comment pourrait-elle remplir les chaussures de ses parents et garder le café en vie en leur absence ? Pourtant, au milieu de ses doutes, elle resta résolue à honorer leur mémoire et à préserver l'esprit du Café Dubois.

Par une fraîche matinée d'automne, alors que le soleil projetait ses rayons dorés sur les rues de Montmartre, le destin intervint sous la forme d'un touriste perdu qui tomba sur le pas de la porte du café. Avec une carte serrée dans ses mains et un air de perplexité dans ses yeux, il s'approcha d'Amélie avec un sourire hésitant.

"Excusez-moi, mademoiselle," dit-il en français approximatif, "je semble m'être perdu. Pouvez-vous m'aider à retrouver mon chemin ?"

Le cœur d'Amélie s'adoucit à la vue du voyageur perdu, ses yeux remplis d'un mélange de confusion et de curiosité. Elle l'accueillit avec un sourire chaleureux et un signe réconfortant de tête.

"Bien sûr, monsieur," répondit-elle en anglais courant. "Mais d'abord, pourquoi ne pas entrer et reposer vos pieds fatigués ? Une tasse de café vous fera du bien."

Le touriste hésita un moment, comme s'il était incertain d'accepter son offre. Mais la lueur accueillante de l'intérieur du café et la promesse de chaleur et d'hospitalité s'avérèrent trop tentantes pour résister. Avec un signe de tête reconnaissant, il suivit Amélie à l'intérieur, ses sens assaillis instantanément par l'arôme réconfortant de café fraîchement infusé et le doux bourdonnement des conversations.

Assis à une table confortable près de la fenêtre, le touriste se présenta comme Daniel, un écrivain de New York à la recherche d'inspiration au milieu des rues animées de Paris. Alors qu'il sirotait son café et écoutait les histoires d'Amélie sur la riche histoire du café et la vivante toile de vie à Montmartre, il se trouva captivé par sa chaleur et sa sincérité.

En Amélie, Daniel ne voyait pas seulement une propriétaire de café, mais un esprit semblable - une âme qui, comme lui, chérissait les plaisirs simples de la vie et la beauté de la connexion humaine. Et au Café Dubois, il découvrit non seulement un endroit pour satisfaire sa soif d'aventure, mais un sanctuaire où il pouvait trouver du réconfort au milieu du chaos du monde.

Au fil des heures et du soleil qui disparaissait sous l'horizon, Daniel réalisa avec un regret poignant qu'il était temps de dire au revoir à sa nouvelle amie et de continuer son voyage à travers les rues de Paris. Mais alors qu'il se levait de sa chaise et se préparait à partir, il savait dans son cœur que ce n'était pas un adieu, mais simplement un au revoir - une séparation éphémère jusqu'à ce que leurs chemins se croisent à nouveau.

Avec un sourire reconnaissant et une étreinte sincère, Daniel remercia Amélie pour sa gentillesse et son hospitalité, promettant de revenir au Café Dubois un jour prochain. Et alors qu'il disparaissait dans les rues animées de Montmartre, le cœur rempli de chaleur et de gratitude, Amélie le regarda partir avec un sentiment de satisfaction tranquille, sachant qu'elle avait accompli l'héritage de ses parents et accueilli un étranger dans son monde à bras ouverts.

Car dans la toile de la vie, tissée de fils d'amour et de gentillesse, Amélie savait que chaque âme qui franchissait le seuil du Café Dubois laissait une empreinte sur son cœur - un témoignage de la puissance durable de la connexion humaine et de la magie d'un accueil chaleureux.

A Warm Welcome

In the heart of Montmartre, nestled among the cobblestone streets and quaint bistros, stood Café Dubois, a cherished haven for locals and a hidden gem for tourists. With its cozy atmosphere, inviting aroma of freshly brewed coffee, and the faint sound of jazz drifting through the air, it was a place where time seemed to stand still.

Amélie Dubois, a woman of gentle grace and quiet determination, had spent her childhood within the walls of this café, basking in the warmth of her parents' love and the laughter of loyal patrons. But when tragedy struck and her parents passed away unexpectedly, the weight of the café's legacy fell squarely on her shoulders.

As Amélie stood behind the counter, surveying the familiar surroundings with a mixture of nostalgia and apprehension, she couldn't help but feel daunted by the task ahead. How could she possibly fill the shoes of her parents and keep the café alive in their absence? Yet, amidst her doubts, she remained steadfast in her resolve to honor their memory and preserve the spirit of Café Dubois.

On a crisp autumn morning, as the sun cast its golden rays over the streets of Montmartre, fate intervened in the form of a lost tourist who stumbled upon the café's doorstep. With a map clutched tightly in his hands and a look of bewilderment in his eyes, he approached Amélie with a hesitant smile.

"Excusez-moi, mademoiselle," he said in broken French, "I seem to have lost my way. Can you help me find my bearings?"

Amélie's heart softened at the sight of the bewildered traveler, his eyes filled with a mixture of confusion and curiosity. She welcomed him with a warm smile and a reassuring nod.

"Of course, monsieur," she replied in fluent English. "But first, why don't you come inside and rest your weary feet? A cup of coffee might do you good."

The tourist hesitated for a moment, as if uncertain whether to accept her offer. But the inviting glow of the café's interior and the promise of warmth and hospitality proved too tempting to resist. With a grateful nod, he followed Amélie inside, his senses instantly assailed by the comforting aroma of freshly brewed coffee and the soft hum of conversation.

Seated at a cozy table by the window, the tourist introduced himself as Daniel, a writer from New York on a quest for inspiration amidst the bustling streets of Paris. As he sipped his coffee and listened to Amélie's stories of the café's rich history and the vibrant tapestry of life in Montmartre, he found himself captivated by her warmth and sincerity.

In Amélie, Daniel saw not just a café owner, but a kindred spirit—a soul who, like himself, cherished the simple pleasures of life and the beauty of human connection. And in Café Dubois, he discovered not just a place to satisfy his thirst for adventure, but a sanctuary where he could find solace amidst the chaos of the world.

As the hours passed and the sun dipped below the horizon, Daniel realized with a pang of regret that it was time to bid farewell to his newfound friend and continue his journey through the streets of Paris. But as he rose from his seat and prepared to leave, he knew in his heart that this was not goodbye, but merely au revoir—a fleeting parting until their paths crossed again.

With a grateful smile and a heartfelt embrace, Daniel thanked Amélie for her kindness and hospitality, promising to return to Café Dubois someday soon. And as he disappeared into the bustling streets of Montmartre, his heart filled with warmth and gratitude, Amélie watched him go with a sense of quiet satisfaction, knowing that she had fulfilled her parents' legacy and welcomed a stranger into her world with open arms.

For in the tapestry of life, woven from threads of love and kindness, Amélie knew that every soul who crossed the threshold of Café Dubois left a mark upon her heart—a testament to the enduring power of human connection and the magic of a warm welcome.

L'Ingrédient Secret

Dans le grenier du Café Dubois, au milieu des boîtes couvertes de poussière et des bibelots oubliés, se trouvait un trésor de souvenirs attendant d'être découvert. C'était un endroit rarement visité, un sanctuaire de secrets et d'histoires murmurées dans l'ombre du temps. Et c'est là, parmi les photographies fanées et les pages jaunies, qu'Amélie fit une découverte qui allait changer le cours de sa vie pour toujours.

Alors qu'elle fouillait les étagères encombrées, ses doigts effleuraient le dos d'un vieux livre usé - un livre de cuisine, ses pages jaunies par l'âge et sa couverture ornée de motifs floraux délavés. Intriguée, Amélie écarta la poussière et feuilleta doucement les pages, son cœur battant d'anticipation.

Le livre, semblait-il, était un vestige de la jeunesse de ses parents - une collection de recettes manuscrites transmises de génération en génération, chacune portant la marque d'un souvenir précieux ou d'une tradition familiale bien-aimée. Et alors qu'Amélie parcourait du doigt le script délicat et l'encre décolorée, elle ressentait un lien avec son passé, un désir de redécouvrir les saveurs et les arômes de son enfance.

Parmi les recettes, une en particulier attira son attention - une recette de "Poulet au Vin", un plat que sa mère préparait souvent lors d'occasions spéciales, son riche arôme remplissant la cuisine de chaleur et de nostalgie. Avec un sentiment de détermination, Amélie décida de recréer le plat, de ressusciter un morceau de l'histoire de sa famille et de savourer le goût des jours passés.

Armée du vieux livre de recettes et d'un nouveau sens du but, Amélie se lança dans sa quête, rassemblant des ingrédients sur les marchés locaux et cherchant conseil auprès de chefs chevronnés et d'experts culinaires. À chaque étape du voyage, elle se sentait attirée plus profondément dans le monde de la gastronomie, découvrant l'alchimie des saveurs et la magie de la nourriture pour guérir et unir.

Mais alors qu'elle plongeait plus profondément dans son odyssée culinaire, Amélie réalisa bientôt que sa quête du plat parfait était plus qu'une simple question de nourriture - il s'agissait de découvrir les vérités cachées et les histoires non racontées enfouies dans le passé de sa famille. À travers des conversations avec des clients de longue date et des murmures du passé, Amélie rassembla des fragments de la vie de ses parents, démêlant les mystères de leur jeunesse et les sacrifices qu'ils avaient faits pour se construire une vie dans les rues animées de Montmartre.

Elle apprit la passion de sa mère pour la cuisine et le rêve de son père d'ouvrir un café - un rêve qui avait été différé mais jamais oublié. Et elle découvrit l'ingrédient secret qui avait toujours distingué les recettes de sa famille - une touche d'amour, saupoudrée de rires et de moments de joie partagés.

Alors que les jours se transformaient en semaines et que l'arôme des épices en ébullition remplissait l'air, le Café Dubois bourdonnait d'excitation et d'anticipation. Les clients affluaient pour goûter aux créations d'Amélie, leurs papilles gustatives titillées par la promesse de délices culinaires et la chaleur d'un repas fait maison.

Et alors qu'ils savouraient chaque bouchée et partageaient leurs propres histoires, Amélie ressentit un sentiment d'accomplissement comme jamais auparavant - un sentiment d'appartenance enraciné dans la tradition et lié par l'amour.

Car dans la cuisine du Café Dubois, parmi le bruit des casseroles et des poêles et le rire des amis, Amélie avait découvert plus qu'une simple recette - elle avait découvert l'ingrédient secret de la vie elle-même. Et avec chaque plat qu'elle préparait et chaque histoire qu'elle partageait, elle honorait l'héritage de ses parents et tissait des liens plus profonds avec ceux qui étaient devenus comme une famille pour elle.

Car en fin de compte, il ne s'agissait pas seulement de la nourriture - il s'agissait des souvenirs créés, des amitiés forgées et de l'amour qui les soutenait tous. Et alors que l'arôme du Poulet au Vin emplissait l'air et que les échos du rire flottaient, Amélie savait qu'elle avait trouvé sa place dans le monde - un endroit où le passé et le présent se rejoignaient, et les saveurs de la vie dansaient sur le palais de son âme.

The Secret Ingredient

In the attic of Café Dubois, amidst dust-covered boxes and forgotten trinkets, lay a treasure trove of memories waiting to be unearthed. It was a place seldom visited, a sanctuary of secrets and stories whispered in the shadows of time. And it was here, amidst the faded photographs and yellowed pages, that Amélie stumbled upon a discovery that would change the course of her life forever.

As she rummaged through the cluttered shelves, her fingers grazed the spine of an old, weathered book—a cookbook, its pages yellowed with age and its cover adorned with faded floral patterns. Curiosity piqued, Amélie blew away the dust and gently flipped through the pages, her heart fluttering with anticipation.

The book, it seemed, was a relic from her parents' youth—a collection of handwritten recipes passed down through generations, each one bearing the mark of a cherished memory or a beloved family tradition. And as Amélie traced her fingers over the delicate script and faded ink, she felt a sense of connection to her past, a longing to rediscover the flavors and aromas of her childhood.

Among the recipes, one in particular caught her eye—a recipe for "Poulet au Vin," a dish her mother had often prepared on special occasions, its rich aroma filling the kitchen with warmth and nostalgia. With a sense of determination, Amélie resolved to recreate the dish, to resurrect a piece of her family's history and savor the taste of days gone by.

Armed with the old recipe book and a newfound sense of purpose, Amélie set out on her quest, gathering ingredients from local markets and seeking advice from seasoned chefs and culinary experts. With each step of the journey, she found herself drawn deeper into the world of gastronomy, discovering the alchemy of flavors and the magic of food to heal and unite.

But as she delved deeper into her culinary odyssey, Amélie soon realized that her quest for the perfect dish was about more than just food—it was about uncovering the hidden truths and untold stories that lay buried within her family's past.

Through conversations with longtime customers and whispers from the past, Amélie pieced together fragments of her parents' lives, unraveling the mysteries of their youth and the sacrifices they had made to build a life for themselves in the bustling streets of Montmartre.

She learned of her mother's passion for cooking and her father's dream of opening a café—a dream that had been deferred but never forgotten. And she discovered the secret ingredient that had always set her family's recipes apart—a dash of love, sprinkled with laughter and shared moments of joy.

As the days turned into weeks and the aroma of simmering spices filled the air, Café Dubois buzzed with excitement and anticipation. Customers flocked to taste Amélie's creations, their taste buds tantalized by the promise of culinary delights and the warmth of a home-cooked meal.

And as they savored each bite and shared stories of their own, Amélie felt a sense of fulfillment unlike any she had ever known—a sense of belonging rooted in tradition and bound by love.

For in the kitchen of Café Dubois, amidst the clatter of pots and pans and the laughter of friends, Amélie had discovered more than just a recipe—she had discovered the secret ingredient to life itself. And with each dish she prepared and each story she shared, she honored the legacy of her parents and forged deeper connections with those who had become like family to her.

For in the end, it was not just about the food—it was about the memories made, the friendships forged, and the love that sustained them all. And as the aroma of Poulet au Vin filled the air and the echoes of laughter lingered in the air, Amélie knew that she had found her place in the world—a place where the past and present converged, and the flavors of life danced on the palate of her soul.

15

Confessions de Café

La cloche au-dessus de la porte tintinnabula doucement alors qu'Amélie relevait les yeux derrière le comptoir du Café Dubois, un sourire chaleureux illuminant ses lèvres en saluant le visage familier de Monsieur Leclerc – un client régulier dont la présence était devenue aussi familière au café que l'arôme du café fraîchement infusé et le doux murmure des conversations.

Monsieur Leclerc était un homme au tempérament calme, ses cheveux argentés soigneusement peignés et ses yeux trahissant une pointe de tristesse cachée derrière une façade de stoïcisme. Il venait au Café Dubois depuis aussi longtemps qu'Amélie pouvait se souvenir, son rituel quotidien de siroter un espresso et de lire le journal du matin étant une présence réconfortante au milieu de l'agitation de Montmartre.

Mais en cette matinée particulière, il y avait une tension palpable dans l'air – un poids qui planait comme un nuage au-dessus de la tranquillité habituelle de Monsieur Leclerc. Ses mains tremblaient légèrement lorsqu'il posait sa tasse sur la table, son regard fixé sur un point au loin comme perdu dans ses pensées.

Amélie sentit son malaise et s'approcha de lui avec un sourire doux, une invitation silencieuse à partager le fardeau qui pesait lourd sur son cœur. Elle savait mieux que de fouiller – après tout, la confiance était une chose délicate, facilement brisée mais difficile à réparer. Mais elle connaissait aussi le pouvoir de guérison d'une oreille compatissante, le réconfort trouvé dans le simple fait d'être entendu.

"Bonjour, Monsieur Leclerc," dit-elle doucement, sa voix une mélodie apaisante au milieu du silence. "Est-ce que tout va bien ? Vous semblez... préoccupé."

Monsieur Leclerc hésita un instant, son regard vacillant d'incertitude avant de rencontrer enfin celui d'Amélie avec un mélange d'appréhension et de résolution. Il prit une profonde inspiration, comme se préparant à ce qui allait suivre, et commença à parler, ses mots jaillissant comme un torrent d'émotion longtemps refoulée.

"Mademoiselle Dubois," commença-t-il, sa voix à peine plus haute qu'un murmure, "il y a quelque chose que je dois vous avouer – un secret qui pèse lourd sur mon âme depuis bien trop longtemps."

Amélie écouta en silence tandis que Monsieur Leclerc se confiait, ses paroles formant une toile poignante tissée de fils de regret et de remords. Il parla d'amour perdu et d'opportunités gâchées, de rêves reportés et de promesses brisées – une vie de souvenirs gravés dans les lignes de son visage marqué par les ans et au fond de ses yeux fatigués.

Et tandis qu'elle écoutait, Amélie sentit une vague de compassion monter en elle – une empathie profondément ancrée pour Monsieur Leclerc et les fardeaux qu'il avait portés seul pendant tant d'années. Elle tendit la main et prit la sienne dans la sienne, un geste silencieux de solidarité et de compréhension qui en disait bien plus que des mots ne pourraient jamais le faire.

"Monsieur Leclerc," dit-elle doucement, sa voix à peine un murmure, "merci de m'avoir confié votre vérité. Sachez que vous n'êtes pas seul – que vous avez un ami en moi, maintenant et toujours."

En cet instant, le poids de la confession de Monsieur Leclerc s'allégea, remplacé par un sentiment de soulagement et de libération qui l'envahit comme une vague venant se briser contre le rivage. Il regarda Amélie les yeux remplis de larmes, son cœur débordant de gratitude pour sa gentillesse et sa compassion.

"Merci, Mademoiselle Dubois," dit-il, sa voix étouffée par l'émotion. "Vous m'avez donné un cadeau inestimable – un cadeau d'acceptation et de compréhension que je porterai toujours avec moi."

Et alors que Monsieur Leclerc faisait ses adieux au Café Dubois ce jour-là, son fardeau allégé et son esprit renouvelé, Amélie ne put s'empêcher de réfléchir sur le pouvoir de la confiance et l'importance de créer un espace sûr pour que les autres partagent leurs confessions les plus profondes.

Car dans la toile de la vie, tissée de fils d'amour et de compassion, Amélie savait que chaque âme qui franchissait le seuil du Café Dubois laissait une empreinte sur son cœur – un témoignage du pouvoir durable de la connexion humaine et du baume apaisant d'une oreille attentive.

Café Confessions

The bell above the door tinkled softly as Amélie glanced up from behind the counter of Café Dubois, a warm smile gracing her lips as she greeted the familiar face of Monsieur Leclerc—a regular customer whose presence had become as much a part of the café as the aroma of freshly brewed coffee and the gentle hum of conversation.

Monsieur Leclerc was a man of quiet demeanor, his silver hair neatly combed and his eyes betraying a hint of sadness hidden behind a facade of stoicism. He had been coming to Café Dubois for as long as Amélie could remember, his daily ritual of sipping espresso and reading the morning paper a comforting presence amidst the hustle and bustle of Montmartre.

But on this particular morning, there was a palpable tension in the air—a heaviness that hung like a cloud over Monsieur Leclerc's usual tranquility. His hands trembled slightly as he set his cup down on the table, his gaze fixed on a point in the distance as if lost in thought.

Amélie sensed his unease and approached him with a gentle smile, a silent invitation to share whatever burden weighed heavy on his heart. She knew better than to pry—after all, trust was a delicate thing, easily broken but hard to mend. But she also knew the healing power of a sympathetic ear, the solace found in the simple act of being heard.

"Bonjour, Monsieur Leclerc," she said softly, her voice a soothing melody amidst the silence. "Is everything alright? You seem... troubled."

Monsieur Leclerc hesitated for a moment, his gaze flickering uncertainly before finally meeting Amélie's with a mixture of apprehension and resolve. He took a deep breath, as if steeling himself for what was to come, and began to speak, his words tumbling forth in a torrent of emotion long suppressed.

"Mademoiselle Dubois," he began, his voice barely above a whisper, "there is something I must confess—a secret that has weighed heavy on my soul for far too long."

Amélie listened in silence as Monsieur Leclerc poured out his heart, his words a poignant tapestry woven from threads of regret and remorse. He spoke of love lost and opportunities squandered, of dreams deferred and promises broken—a lifetime of memories etched in the lines of his weathered face and the depths of his weary eyes.

And as she listened, Amélie felt a swell of compassion rise within her—a deep-seated empathy for Monsieur Leclerc and the burdens he had borne alone for so many years. She reached out and took his hand in hers, a silent gesture of solidarity and understanding that spoke volumes more than words ever could.

"Monsieur Leclerc," she said softly, her voice barely a whisper, "thank you for entrusting me with your truth. Know that you are not alone—that you have a friend in me, now and always."

In that moment, the weight of Monsieur Leclerc's confession lifted, replaced by a sense of relief and liberation that washed over him like a wave crashing against the shore. He looked at Amélie with tear-filled eyes, his heart overflowing with gratitude for her kindness and compassion.

"Merci, Mademoiselle Dubois," he said, his voice choked with emotion. "You have given me a gift beyond measure—a gift of acceptance and understanding that I will carry with me always."

And as Monsieur Leclerc bid farewell to Café Dubois that day, his burden lightened and his spirit renewed, Amélie couldn't help but reflect on the power of trust and the importance of creating a safe space for others to share their deepest confessions.

For in the tapestry of life, woven from threads of love and compassion, Amélie knew that every soul who crossed the threshold of Café Dubois left a mark upon her heart—a testament to the enduring power of human connection and the healing balm of a listening ear.

Perdu dans la Traduction

Les rues de Montmartre étaient vivantes de la vibrante toile de vie –
une symphonie de langues et de cultures se mêlant au milieu de la foule
animée et des ruelles pavées. C'était un endroit où le passé et le présent
se rejoignaient, où les échos de l'histoire dansaient en harmonie avec les
rythmes de la modernité.

Amélie Dubois, la fière propriétaire du Café Dubois, se tenait derrière
le comptoir avec un sourire chaleureux, accueillant les clients de près
et de loin à bras ouverts. Avec ses cheveux châtain cascading en douces
vagues autour de son visage et ses yeux noisette scintillant de chaleur, elle
dégageait une aura de charme et de grâce naturels.

En ce jour particulier, alors que le soleil projetait ses rayons dorés sur les
rues de Montmartre, un visiteur étranger trébucha sur le pas de la porte
du café – un homme de haute stature et de charme rustique, ses traits
trahissant une pointe de confusion alors qu'il parcourait le menu écrit en
français.

"Excusez-moi," dit-il avec hésitation, sa voix teintée d'un accent épais,
"Parlez-vous anglais ?"

Le sourire d'Amélie s'élargit à l'écoute de sa voix, son cœur battant
d'excitation à l'idée de converser avec un visiteur venu d'un pays lointain.
Avec un signe de tête de compréhension, elle répondit dans un anglais
impeccable, "Oui, bien sûr ! Comment puis-je vous aider aujourd'hui ?"

L'homme sembla soulagé de sa réponse, ses traits se détendant en un
sourire alors qu'il se penchait plus près, ses yeux pétillant d'anticipation.

"Je vais prendre... euh... un croissant, s'il vous plaît," dit-il, ses mots
ponctués de pauses hésitantes alors qu'il luttait pour se rappeler la phrase
française pour "s'il vous plaît".

Amélie réprima un rire devant sa tentative adorable de parler sa langue
maternelle, son cœur se réchauffant à la vue de sa sincérité. Avec une

lueur espiègle dans les yeux, elle répondit, "Un croissant, c'est parti ! Autre chose pour vous aujourd'hui ?"

L'homme hésita un moment, son front se plissant de concentration alors qu'il cherchait les mots justes pour exprimer ses désirs. Mais avant qu'il ne puisse répondre, un éclat malicieux dans les yeux d'Amélie alors qu'elle se penchait plus près, sa voix à peine au-dessus d'un murmure.

"Ou peut-être préférez-vous... un croissant avec un côté d'aventure ?" taquina-t-elle, un sourire espiègle s'étendant sur ses lèvres.

La confusion de l'homme s'approfondit à ses mots, ses sourcils se fronçant de perplexité alors qu'il luttait pour comprendre son sens. Mais alors que la réalisation lui venait, un rire joyeux jaillit de ses lèvres – un son aussi contagieux que joyeux, remplissant le café de la chaleur du rire partagé et de la camaraderie.

"De l'aventure, alors !" s'exclama-t-il, ses yeux pétillant de malice alors qu'il se penchait plus près, sa voix un chuchotement conspirateur. "Mais seulement si vous êtes ma guide."

Et ainsi commença un délicieux jeu de charades linguistiques – une danse de mots et de gestes alors qu'Amélie et le visiteur étranger se lançaient dans un voyage de découverte à travers les rues de Montmartre. À chaque pas, ils découvraient des joyaux cachés et des trésors secrets, leur rire résonnant à travers les ruelles comme une musique pour l'âme.

Alors que la journée touchait à sa fin et que le soleil disparaissait sous l'horizon, Amélie et son nouvel ami se retrouvèrent assis à une table confortable au Café Dubois, leurs cœurs pleins et leurs esprits légers. Et alors qu'ils levaient leurs verres à l'amitié et à l'aventure, ils savaient au fond d'eux que la gentillesse transcende les barrières linguistiques – une langue universelle parlée par tous ceux qui osent embrasser la magie de la connexion humaine.

Lost in Translation

The streets of Montmartre were alive with the vibrant tapestry of life—a symphony of languages and cultures intermingling amidst the bustling crowds and cobblestone alleyways. It was a place where the past and present converged, where the echoes of history danced in harmony with the rhythms of modernity.

Amélie Dubois, the proud owner of Café Dubois, stood behind the counter with a warm smile, welcoming patrons from near and far with open arms. With her chestnut hair cascading in soft waves around her face and her hazel eyes twinkling with warmth, she exuded an air of effortless charm and grace.

On this particular day, as the sun cast its golden rays over the streets of Montmartre, a foreign visitor stumbled upon the café's doorstep—a man of towering stature and rugged charm, his features betraying a hint of confusion as he scanned the menu written in French.

"Excusez-moi," he said tentatively, his voice tinged with a thick accent, "Do you speak English?"

Amélie's smile widened at the sound of his voice, her heart fluttering with excitement at the prospect of conversing with a visitor from a far-off land. With a nod of understanding, she replied in flawless English, "Yes, of course! How may I assist you today?"

The man seemed relieved at her response, his features relaxing into a smile as he leaned in closer, his eyes sparkling with anticipation. "I'll have... um... one croissant, s'il vous plaît," he said, his words punctuated by hesitant pauses as he struggled to recall the French phrase for "please."

Amélie stifled a giggle at his adorable attempt to speak her native language, her heart warming at the sight of his earnestness. With a playful twinkle in her eye, she replied, "One croissant, coming right up! Anything else for you today?"

The man hesitated for a moment, his brow furrowing in concentration as he searched for the right words to express his desires. But before he could respond, a mischievous glint danced in Amélie's eyes as she leaned in closer, her voice barely above a whisper.

"Or perhaps you'd prefer... un croissant with a side of... adventure?" she teased, a playful grin spreading across her lips.

The man's confusion only deepened at her words, his brows knitting together in bewilderment as he struggled to comprehend her meaning. But as the realization dawned upon him, a hearty laugh bubbled forth from his lips—a sound as infectious as it was joyous, filling the café with the warmth of shared laughter and camaraderie.

"Adventure it is, then!" he exclaimed, his eyes alight with mischief as he leaned in closer, his voice a conspiratorial whisper. "But only if you'll be my guide."

And so began a delightful game of linguistic charades—a dance of words and gestures as Amélie and the foreign visitor embarked on a journey of discovery through the streets of Montmartre. With each step, they stumbled upon hidden gems and secret treasures, their laughter echoing through the alleyways like music to the soul.

As the day drew to a close and the sun dipped below the horizon, Amélie and her newfound friend found themselves seated at a cozy table in Café Dubois, their hearts full and their spirits light. And as they raised their glasses in a toast to friendship and adventure, they knew in their hearts that kindness transcends linguistic barriers—a universal language spoken by all who dare to embrace the magic of human connection.

Expressions Artistiques

Le soleil déclinait à l'horizon, projetant une lueur chaude sur les rues de Montmartre tandis qu'Amélie Dubois apportait les touches finales aux préparatifs de l'événement de la soirée – une exposition d'art tant attendue mettant en valeur la créativité vibrante des peintres et sculpteurs talentueux du quartier. Avec un souffle retenu et un battement d'ailes dans son cœur, elle ne pouvait s'empêcher de ressentir un sentiment de fierté et d'excitation à l'idée de rassembler la communauté pour célébrer la beauté de l'expression artistique.

Depuis des semaines, Amélie avait travaillé sans relâche pour transformer le Café Dubois en un espace galerie digne des chefs-d'œuvre qui ornaient ses murs. Elle avait fait appel à l'aide des artisans locaux pour accrocher les peintures, disposer les sculptures et préparer le terrain pour une soirée inoubliable – une nuit dédiée à la célébration de la créativité et à l'exploration de l'esprit humain.

Alors que les premiers invités commençaient à affluer, leurs yeux brillants de curiosité et d'émerveillement, Amélie ressentit une vague d'excitation parcourir ses veines. L'air était vibrant de conversations et les sons lointains du jazz flottaient dans la pièce – une symphonie de sons et de sensations qui remplissait son âme de joie.

Parmi la foule, Amélie repéra des visages familiers et de nouvelles connaissances également – artistes et passionnés d'art réunis par une passion commune pour la beauté et l'expression. Il y avait Monsieur Renard, le peintre excentrique dont les coups de pinceau audacieux capturaient l'essence de la vie parisienne avec une intensité vive, et Madame Dupont, la sculptrice timide dont les créations délicates en disaient long dans leur grâce silencieuse.

Mais au milieu de la foule, il y en avait un en particulier qui attira l'attention d'Amélie – une jeune femme aux cheveux roux flamboyants et une étincelle de détermination dans les yeux. Son nom était Élodie, une artiste talentueuse dont le travail avait captivé l'imagination d'Amélie dès qu'elle l'avait vu – un témoignage du pouvoir de la créativité à transcender les frontières et à toucher l'âme.

Alors que la soirée se déroulait et que la galerie bourdonnait d'excitation, Amélie se retrouva attirée par les peintures d'Élodie – des toiles vibrantes vivantes de couleur et d'émotion, chaque coup de pinceau étant un témoignage de la passion et de la vision de l'artiste. Et en contemplant les chefs-d'œuvre devant elle, elle ne put s'empêcher de ressentir un sentiment d'émerveillement et d'admiration devant la beauté de l'esprit humain et les profondeurs infinies de l'esprit créatif.

Mais au milieu de la réjouissance et de la célébration, Amélie ne pouvait s'empêcher de ressentir un sentiment de malaise – que sous la surface de la façade étincelante se cachaient des vérités cachées attendant d'être découvertes. Et ainsi, avec un sentiment de détermination brûlant en elle, elle entreprit de dénouer les mystères qui se trouvaient au cœur de la communauté artistique de Montmartre – un voyage qui la mènerait sur des chemins inattendus et lui enseignerait des leçons précieuses sur l'intersection de l'art et de la vie.

Alors que la nuit avançait et que les foules commençaient à se disperser, Amélie se retrouva en compagnie d'Élodie, leur conversation coulant comme les coups de pinceau d'un maître peintre alors qu'ils partageaient leurs espoirs, leurs rêves et leurs peurs. Et au milieu du rire et de la camaraderie, Amélie découvrit une âme sœur – une âme dont la passion pour l'art reflétait la sienne, et dont l'amitié elle chérissait plus que des mots ne pourraient l'exprimer.

Ensemble, ils déambulèrent dans les rues de Montmartre aux heures calmes de la nuit, leurs pas résonnant contre les pavés alors qu'ils méditaient sur les mystères de la vie et le pouvoir de la créativité à illuminer les ténèbres. Et tandis qu'ils regardaient le soleil se lever sur les toits de Paris, peignant le ciel de teintes roses et dorées, Amélie sut au fond d'elle-même qu'elle avait trouvé plus qu'une amie, mais une muse –

une lumière guide pour illuminer son chemin et inspirer son parcours vers l'avant.

Car dans la toile de la vie, tissée de fils d'amour et de créativité, Amélie savait que chaque coup de pinceau et chaque note de musique racontaient une histoire – une histoire de résilience, de beauté et du lien indissoluble qui nous unit tous. Et alors qu'elle disait au revoir à Élodie et aux rues de Montmartre, le cœur plein et l'esprit envolé, elle savait que les leçons qu'elle avait apprises resteraient avec elle pour toujours – un rappel du pouvoir transformateur de l'art pour toucher l'âme et changer le monde.

Artistic Expressions

The sun dipped low on the horizon, casting a warm glow over the streets of Montmartre as Amélie Dubois put the finishing touches on preparations for the evening's event—a long-awaited art exhibition showcasing the vibrant creativity of the neighborhood's talented painters and sculptors. With bated breath and a flutter of anticipation in her heart, she couldn't help but feel a sense of pride and excitement at the prospect of bringing the community together to celebrate the beauty of artistic expression.

For weeks, Amélie had worked tirelessly to transform Café Dubois into a gallery space worthy of the masterpieces that adorned its walls. She had enlisted the help of local artisans to hang paintings, arrange sculptures, and set the stage for an unforgettable evening—a night dedicated to the celebration of creativity and the exploration of the human spirit.

As the first guests began to trickle in, their eyes alight with curiosity and wonder, Amélie felt a surge of excitement coursing through her veins. The air was alive with the buzz of conversation and the faint strains of jazz drifting through the room—a symphony of sounds and sensations that filled her soul with joy.

Among the crowd, Amélie spotted familiar faces and new acquaintances alike—artists and art enthusiasts drawn together by a shared passion for beauty and expression. There was Monsieur Renard, the eccentric painter whose bold brushstrokes captured the essence of Parisian life with vivid intensity, and Madame Dupont, the shy sculptor whose delicate creations spoke volumes in their silent grace.

But amidst the sea of faces, there was one in particular that caught Amélie's eye—a young woman with fiery red hair and a spark of determination in her eyes. Her name was Élodie, a talented artist whose work had captured Amélie's imagination from the moment she laid eyes on it—a testament to the power of creativity to transcend boundaries and touch the soul.

As the evening unfolded and the gallery buzzed with excitement, Amélie found herself drawn to Élodie's paintings—vibrant canvases alive with color and emotion, each brushstroke a testament to the artist's passion and vision. And as she gazed upon the masterpieces before her, she couldn't help but feel a sense of awe and wonder at the beauty of the human spirit and the boundless depths of the creative mind.

But amidst the revelry and celebration, Amélie couldn't shake the nagging feeling that something was amiss—that beneath the surface of the glittering facade lay hidden truths waiting to be uncovered. And so, with a sense of determination burning bright within her, she set out to unravel the mysteries that lay at the heart of Montmartre's artistic community—a journey that would lead her down unexpected paths and teach her valuable lessons about the intersection of art and life.

As the night wore on and the crowds began to thin, Amélie found herself in the company of Élodie, their conversation flowing like the brushstrokes of a master painter as they shared their hopes, dreams, and fears. And amidst the laughter and camaraderie, Amélie discovered a kindred spirit—a soul whose passion for art mirrored her own, and whose friendship she cherished more than words could express.

Together, they wandered the streets of Montmartre in the quiet hours of the night, their footsteps echoing against the cobblestones as they pondered the mysteries of life and the power of creativity to illuminate the darkness. And as they watched the sun rise over the rooftops of Paris, painting the sky with hues of pink and gold, Amélie knew in her heart that she had found not just a friend, but a muse—a guiding light to illuminate her path and inspire her journey forward.

For in the tapestry of life, woven from threads of love and creativity, Amélie knew that every stroke of the brush and every note of music told a story—a story of resilience, of beauty, and of the unbreakable bond that connects us all. And as she bid farewell to Élodie and the streets of Montmartre, her heart full and her spirit soaring, she knew that the lessons she had learned would stay with her always—a reminder of the transformative power of art to touch the soul and change the world.

33

Connexions Culinaires

Au cœur de Montmartre, là où l'arôme du pain fraîchement cuit se mêlait au parfum des fleurs en pleine éclosion, le Café Dubois se dressait tel un phare de chaleur et d'hospitalité – un lieu où les étrangers devenaient des amis et les repas devenaient des souvenirs. Et en ce jour particulier, Amélie Dubois, fière propriétaire du café, s'apprêtait à se lancer dans une aventure culinaire comme aucune autre.

Avec une lueur dans les yeux et un pas léger, Amélie accueillit ses invités à un cours de cuisine spécial au Café Dubois – un événement né de sa passion pour la nourriture et son désir de rassembler les gens pour célébrer la joie de cuisiner et de partager des repas.

Pour l'occasion, elle était accompagnée du Chef Jacques Dubois, un maître culinaire renommé dont l'expertise en cuisine était égalée seulement par son enthousiasme contagieux pour les arts culinaires. Avec ses cheveux poivre et sel et ses yeux pétillants, le Chef Jacques dégageait une aura de confiance et de charme lorsqu'il accueillait les participants enthousiastes avec un sourire chaleureux et une poignée de main sincère. Ensemble, Amélie et le Chef Jacques ont guidé leurs invités à travers un tourbillon de délices culinaires – un festin pour les sens qui a titillé les papilles et a stimulé l'imagination. Des pâtisseries délicates aux ragoûts savoureux, chaque plat était un chef-d'œuvre de saveur et de technique – un témoignage du pouvoir de la nourriture pour nourrir le corps et l'esprit.

Mais au milieu du bruit des casseroles et des poêles et du grésillement des épices, quelque chose de magique s'est produit – une connexion forgée à travers l'expérience partagée de la cuisine et la joie de partager le pain ensemble. Alors que les invités travaillaient côte à côte, coupant des légumes, remuant des sauces et pétrissant de la pâte, ils découvraient un lien commun qui transcendait la langue et la culture – un amour de la nourriture et le désir de créer quelque chose de beau ensemble.

Et tandis que l'arôme de leurs créations emplissait l'air et que le rire résonnait dans le café, Amélie ne put s'empêcher de ressentir un sentiment de fierté et de gratitude pour les connexions culinaires qui s'étaient nouées ce jour-là. Car dans la cuisine du Café Dubois, au milieu de l'agitation et de la camaraderie des nouveaux amis, elle avait été témoin du pouvoir transformateur de la nourriture pour unir les cœurs et les esprits dans la célébration des joies simples de la vie.

Alors que le cours de cuisine touchait à sa fin et que les invités disaient au revoir au Café Dubois, le cœur plein et l'estomac satisfait, Amélie savait que les souvenirs qu'ils avaient partagés resteraient avec eux bien après que les plats aient été lavés et les tables débarrassées. Car dans la toile de la vie, tissée de fils d'amour et de connexion, elle avait découvert la véritable magie de la nourriture – un cadeau à partager, savourer et célébrer avec ceux que nous chérissons.

Culinary Connections

In the heart of Montmartre, where the aroma of freshly baked bread mingled with the scent of blooming flowers, Café Dubois stood as a beacon of warmth and hospitality—a place where strangers became friends and meals became memories. And on this particular day, Amélie Dubois, the café's proud owner, was about to embark on a culinary adventure unlike any other.

With a twinkle in her eye and a spring in her step, Amélie welcomed her guests to a special cooking class at Café Dubois—an event born from her passion for food and her desire to bring people together in celebration of the joy of cooking and sharing meals.

Joining her for the occasion was Chef Jacques Dubois, a renowned culinary master whose expertise in the kitchen was matched only by his infectious enthusiasm for the culinary arts. With his salt-and-pepper hair and twinkling eyes, Chef Jacques exuded an air of confidence and charm as he greeted the eager participants with a warm smile and a hearty handshake.

Together, Amélie and Chef Jacques led their guests through a whirlwind of culinary delights—a feast for the senses that tantalized the taste buds and sparked the imagination. From delicate pastries to savory stews, each dish was a masterpiece of flavor and technique—a testament to the power of food to nourish the body and feed the soul.

But amidst the clatter of pots and pans and the sizzle of spices, something magical happened—a connection forged through the shared experience of cooking and the joy of breaking bread together. As the guests worked side by side, chopping vegetables, stirring sauces, and kneading dough, they discovered a common bond that transcended language and culture—a love of food and a desire to create something beautiful together.

And as the aroma of their creations filled the air and laughter echoed through the café, Amélie couldn't help but feel a sense of pride and gratitude for the culinary connections that had been forged that day. For in the kitchen of Café Dubois, amidst the bustle of activity and the camaraderie of newfound friends, she had witnessed the transformative power of food to unite hearts and minds in celebration of the simple joys of life.

As the cooking class came to an end and the guests bid farewell to Café Dubois, their hearts full and their stomachs satisfied, Amélie knew that the memories they had shared would stay with them long after the dishes had been washed and the tables cleared. For in the tapestry of life, woven from threads of love and connection, she had discovered the true magic of food—a gift to be shared, savored, and celebrated with those we hold dear.

Réunion Inattendue

Les rues pavées de Montmartre murmuraient des contes d'amour perdus et retrouvés, leurs échos tissant une tapisserie de nostalgie et de désir qui flottait dans l'air comme le parfum des fleurs fraîches. Et au milieu de l'agitation de la vie quotidienne, Amélie Dubois se retrouva emportée par un tourbillon d'émotions alors qu'elle se préparait à affronter une réunion inattendue - une réunion qui raviverait les souvenirs d'un amour perdu et des secondes chances.

Cela faisait des années qu'Amélie n'avait pas vu Gabriel - l'homme qui avait autrefois capturé son cœur avec son sourire charmant et son rire facile. Leur amour avait été une romance tourbillonnante, un moment fugace de passion et d'intensité qui avait brillé avant de s'éteindre dans la mémoire. Et pourtant, malgré le temps qui passait, la douleur du désir restait - un écho silencieux de ce qui aurait pu être, enfoui profondément dans les recoins du cœur d'Amélie.

Mais le destin avait d'autres plans en réserve, comme elle le découvrit bientôt lorsque Gabriel franchit les portes du Café Dubois - une vision du passé, sa présence réveillant des émotions depuis longtemps endormies alors que leurs yeux se rencontraient à travers la pièce. Avec ses cheveux ébouriffés et son sourire malicieux, il ressemblait en tout point à ce dont Amélie se souvenait - un rappel de l'amour qu'ils avaient partagé et des rêves qu'ils avaient osé poursuivre.

Alors que Gabriel s'approchait d'elle avec un sourire hésitant, Amélie ressentit un flot d'émotions l'envahir - un mélange d'excitation, d'appréhension et de désir qui la laissa sans voix. Et alors qu'ils s'embrassaient dans une réunion aigre-douce, elle ne put s'empêcher de se demander ce qui les attendait - une chance de réécrire les pages de leur histoire, ou simplement un moment fugace de connexion au milieu du chaos de la vie.

Autour de tasses de café fumant et de souvenirs partagés, Amélie et Gabriel ravivèrent la flamme de leur passé - une danse de mots et de gestes qui en disait plus que le silence ne le pourrait jamais. Ils parlaient de leurs espoirs et de leurs rêves, de leurs peurs et de leurs regrets - toute une vie de moments tissés dans une tapisserie d'amour et de désir qui défiait les frontières du temps et de l'espace.

Mais au milieu du rire et des larmes, persistait un sentiment de malaise - un doute lancinant qui menaçait d'obscurcir la joie de leur réunion. Car dans les ombres de leur histoire commune se trouvaient des sentiments non résolus et des questions sans réponse - un gouffre de douleur et de regret qui menaçait de les séparer une fois de plus.

Alors que les heures s'écoulaient et que le soleil disparaissait à l'horizon, Amélie et Gabriel se retrouvèrent à un carrefour - un moment de vérité qui déterminerait le cours de leur avenir. Et alors qu'ils se regardaient dans les yeux, leurs cœurs mis à nu pour que tous puissent les voir, ils savaient que le moment était venu de confronter les fantômes de leur passé et d'embrasser la possibilité d'un nouveau départ.

Avec des mains tremblantes et un courage né de l'amour, Amélie tendit la main vers Gabriel, sa voix un murmure dans l'obscurité. "Te souviens-tu," commença-t-elle, ses mots tremblant d'émotion, "des promesses que nous avons faites, des rêves que nous avons partagés ? Crois-tu que l'amour peut transcender le temps et l'espace, que nous pouvons nous retrouver, malgré les obstacles qui se dressent sur notre chemin ?"

Les yeux de Gabriel rencontrèrent les siens, son regard inébranlable dans son intensité. "Je me souviens de tout," répondit-il, sa voix un murmure doux dans le silence. "Et je crois, de tout mon cœur, que l'amour a le pouvoir de guérir et de transformer - de nous ramener à nous-mêmes et les uns aux autres, peu importe à quelle distance nous avons pu nous éloigner."

Et en cet instant, au milieu du doux bourdonnement du Café Dubois et de l'étreinte tendre de leur histoire partagée, Amélie et Gabriel savaient qu'ils avaient été donnés une seconde chance - une chance de réécrire l'histoire de leur amour, de laisser le passé derrière eux et d'embrasser l'avenir à bras ouverts.

Alors qu'ils marchaient main dans la main dans les rues de Montmartre, le cœur léger et l'esprit enjoué, Amélie ressentit un sentiment de paix l'envahir - un savoir que, peu importe ce qui les attendait, leur amour les guiderait à travers l'obscurité et vers la lumière. Et alors qu'ils disparaissaient dans la nuit, leur rire résonnant à travers les ruelles comme une musique pour l'âme, les rues de Montmartre murmuraient des contes d'amour perdus et retrouvés - un témoignage du pouvoir durable des secondes chances et de la magie des réunions inattendues.

Unexpected Reunion

The cobblestone streets of Montmartre whispered tales of love lost and found, their echoes weaving a tapestry of longing and nostalgia that lingered in the air like the scent of fresh flowers. And amidst the hustle and bustle of everyday life, Amélie Dubois found herself swept up in a whirlwind of emotions as she prepared to face an unexpected reunion—one that would stir memories of lost love and second chances. It had been years since Amélie had last seen Gabriel—the man who had once captured her heart with his charming smile and easy laughter. Their love had been a whirlwind romance, a fleeting moment of passion and intensity that had burned bright before fading into memory. And yet, despite the passage of time, the ache of longing remained—a silent echo of what could have been, buried deep within the recesses of Amélie's heart.

But fate had other plans in store, as she soon discovered when Gabriel walked through the doors of Café Dubois—a vision from the past, his presence stirring emotions long dormant as their eyes met across the room. With his tousled hair and mischievous grin, he looked every bit the same as Amélie remembered—a reminder of the love they had shared and the dreams they had dared to chase.

As Gabriel approached her with a tentative smile, Amélie felt a rush of emotions wash over her—a mixture of excitement, apprehension, and longing that left her breathless in its wake. And as they embraced in a bittersweet reunion, she couldn't help but wonder what lay in store for them—a chance to rewrite the pages of their history, or simply a fleeting moment of connection amidst the chaos of life.

Over cups of steaming coffee and shared memories, Amélie and Gabriel rekindled the flame of their past—a dance of words and gestures that spoke volumes more than silence ever could. They spoke of their hopes and dreams, their fears and regrets—a lifetime of moments woven together in a tapestry of love and longing that defied the boundaries of time and space.

But amidst the laughter and tears, there lingered a sense of unease—a nagging doubt that threatened to overshadow the joy of their reunion. For in the shadows of their shared history lay unresolved feelings and unanswered questions—a chasm of pain and regret that threatened to tear them apart once more.

As the hours slipped away and the sun dipped below the horizon, Amélie and Gabriel found themselves at a crossroads—a moment of truth that would determine the course of their future. And as they gazed into each other's eyes, their hearts laid bare for all to see, they knew that the time had come to confront the ghosts of their past and embrace the possibility of a new beginning.

With trembling hands and a courage born of love, Amélie reached out to Gabriel, her voice a whisper in the darkness. "Do you remember," she began, her words trembling with emotion, "the promises we made, the dreams we shared? Do you believe that love can transcend time and space, that we can find our way back to each other, despite the obstacles that lie in our path?"

Gabriel's eyes met hers, his gaze unwavering in its intensity. "I remember everything," he replied, his voice a soft murmur in the stillness. "And I believe, with all my heart, that love has the power to heal and to transform—to bring us back to ourselves and to each other, no matter how far we may have strayed."

And in that moment, amidst the quiet hum of Café Dubois and the gentle embrace of their shared history, Amélie and Gabriel knew that they had been given a second chance—a chance to rewrite the story of their love, to let go of the past and embrace the future with open arms.

As they walked hand in hand through the streets of Montmartre, their hearts light and their spirits soaring, Amélie felt a sense of peace wash over her—a knowing that, no matter what lay ahead, their love would guide them through the darkness and into the light. And as they disappeared into the night, their laughter echoing through the alleyways like music to the soul, the streets of Montmartre whispered tales of love lost and found—a testament to the enduring power of second chances and the magic of unexpected reunions.

Une Main Secourable

Les rues sinueuses de Montmartre résonnaient de la mélodie de la vie
- une symphonie de rires et de bavardages qui résonnaient à travers les
ruelles pavées et débordaient dans les cafés animés et les studios d'art qui
bordaient le quartier. C'était un endroit où la créativité prospérait et où
les rêves prenaient leur envol - un sanctuaire pour les artistes et les rêveurs
cherchant refuge au milieu du chaos du monde.

Parmi les nombreux habitants de Montmartre se trouvait Amélie
Dubois, la fière propriétaire du Café Dubois - un havre chéri des
habitants et un joyau caché pour les touristes, niché au cœur du quartier.
Avec son sourire chaleureux et son esprit généreux, elle était devenue un
pilier de la communauté - un phare d'espoir et de compassion dans un
monde rempli d'incertitude.

Mais alors que les jours se transformaient en semaines et que les saisons
changeaient, Amélie ne pouvait s'empêcher de remarquer les
changements subtils dans le tissu de Montmartre - un sentiment de
malaise planant dans l'air, comme une tempête qui se préparait à
l'horizon. C'était un sentiment né de rumeurs chuchotées et de
conversations étouffées - une peur que le riche patrimoine culturel du
quartier soit lentement en train de disparaître, une expulsion à la fois.

Et ainsi, lorsque les nouvelles sont parvenues à Amélie qu'un artiste en
difficulté risquait l'expulsion de son studio - un modeste espace niché au
cœur de Montmartre, où il avait mis tout son cœur et son âme dans son
métier - elle sut qu'elle devait agir. Pour l'artiste, dont le nom était Pierre,
n'était pas seulement un locataire - il était un ami, un voisin, et une partie
vitale de la tapisserie de la vie animée à Montmartre.

Avec un sentiment de détermination brûlant en elle, Amélie entreprit
de mobiliser le soutien pour Pierre et de sauver son gagne-pain du bord
de la destruction. Elle a contacté d'autres artistes et des leaders

communautaires, organisant des collectes de fonds et des expositions d'art pour sensibiliser et collecter des fonds pour la cause de Pierre. Et tandis que le mot se répandait à travers Montmartre, une vague de solidarité déferlait sur le quartier - un témoignage du pouvoir de la communauté de se rassembler en période de besoin.

Mais au milieu de l'agitation et de l'excitation, persistait un sentiment d'incertitude - une crainte que leurs efforts ne suffisent pas à sauver le studio de Pierre des griffes de l'expulsion. Et ainsi, le cœur lourd et l'esprit déterminé, Amélie se tourna vers Pierre lui-même, lui offrant un éclat d'espoir au milieu de l'obscurité.

"Pierre," dit-elle doucement, sa voix une douce mélodie dans le silence, "tu n'es pas seul dans ce combat. Nous sommes avec toi, côte à côte, unis dans notre détermination à préserver le riche patrimoine culturel de Montmartre et à garantir que des artistes comme toi aient un endroit où s'installer."

Des larmes montèrent aux yeux de Pierre à ses paroles, son cœur débordant de gratitude pour sa gentillesse et sa compassion. "Merci, Amélie," murmura-t-il, sa voix étouffée par l'émotion. "Tu m'as donné de l'espoir là où il y avait autrefois le désespoir - un phare de lumière dans les ténèbres."

Et ainsi, avec une détermination renouvelée et un sentiment de but brûlant dans leurs cœurs, Amélie et Pierre se mirent en route pour affronter les défis à venir. Ensemble, ils se sont battus bec et ongles pour sauver le studio de Pierre de l'expulsion, mobilisant le soutien de la communauté et mobilisant des ressources pour garantir que son gagne-pain reste intact.

Et à la fin, leurs efforts portèrent leurs fruits - une victoire pour Pierre, pour Amélie et pour la vibrante communauté de Montmartre dans son ensemble. Avec le soutien de leurs amis et voisins, le studio de Pierre fut sauvé de l'expulsion, préservant non seulement un modeste espace d'expression artistique, mais l'âme même de Montmartre.

Alors qu'ils se tenaient au milieu des foules en liesse et des célébrations jubilatoires, Amélie ne put s'empêcher de ressentir un sentiment de fierté et de gratitude pour la communauté qu'elle appelait chez elle - un endroit où la gentillesse et la compassion s'épanouissaient, et où les liens d'amitié et de solidarité étaient plus forts que n'importe quelle adversité qu'ils pourraient affronter.

Et alors qu'elle regardait dans les yeux de Pierre, son sourire rayonnant de joie et de gratitude, elle savait dans son cœur que leur voyage était loin d'être terminé. Car dans la tapisserie de la vie, tissée à partir de fils d'amour et de résilience, Amélie savait que chaque lutte était une chance de grandir, chaque revers une pierre de touche sur le chemin d'un avenir plus lumineux.

A Helping Hand

The winding streets of Montmartre hummed with the melody of life—a symphony of laughter and chatter that echoed through the cobblestone alleyways and spilled into the bustling cafés and art studios that lined the neighborhood. It was a place where creativity thrived and dreams took flight—a sanctuary for artists and dreamers seeking refuge amidst the chaos of the world.

Among the many inhabitants of Montmartre was Amélie Dubois, the proud owner of Café Dubois—a cherished haven for locals and a hidden gem for tourists, nestled in the heart of the neighborhood. With her warm smile and generous spirit, she had become a pillar of the community—a beacon of hope and compassion in a world fraught with uncertainty.

But as the days turned into weeks and the seasons changed, Amélie couldn't help but notice the subtle shifts in the fabric of Montmartre—a sense of unease lingering in the air, like a storm brewing on the horizon. It was a feeling born of whispered rumors and hushed conversations—a fear that the rich cultural heritage of the neighborhood was slowly slipping away, one eviction notice at a time.

And so, when news reached Amélie of a struggling artist facing eviction from his studio—a humble space tucked away in the heart of Montmartre, where he had poured his heart and soul into his craft—she knew that she had to act. For the artist, whose name was Pierre, was more than just a tenant—he was a friend, a neighbor, and a vital part of the vibrant tapestry of life in Montmartre.

With a sense of determination burning bright within her, Amélie set out to rally support for Pierre and save his livelihood from the brink of destruction. She reached out to fellow artists and community leaders, organizing fundraisers and art exhibitions to raise awareness and funds for Pierre's cause. And as word spread throughout Montmartre, a wave of solidarity washed over the neighborhood—a testament to the power of community to come together in times of need.

But amidst the flurry of activity and the buzz of excitement, there lingered a sense of uncertainty—a fear that their efforts might not be enough to save Pierre's studio from the clutches of eviction. And so, with a heavy heart and a determined spirit, Amélie turned to Pierre himself, offering him a glimmer of hope amidst the darkness.

"Pierre," she said softly, her voice a gentle melody in the stillness, "you are not alone in this fight. We stand with you, shoulder to shoulder, united in our determination to preserve the rich cultural heritage of Montmartre and ensure that artists like yourself have a place to call home."

Tears welled in Pierre's eyes at her words, his heart overflowing with gratitude for her kindness and compassion. "Merci, Amélie," he whispered, his voice choked with emotion. "You have given me hope where there was once despair—a beacon of light in the darkness."

And so, with renewed determination and a sense of purpose burning bright within their hearts, Amélie and Pierre set out to face the challenges that lay ahead. Together, they fought tooth and nail to save Pierre's studio from eviction, rallying support from the community and mobilizing resources to ensure his livelihood remained intact.

And in the end, their efforts bore fruit—a victory for Pierre, for Amélie, and for the vibrant community of Montmartre as a whole. With the support of their friends and neighbors, Pierre's studio was saved from eviction, preserving not just a humble space for artistic expression, but the very soul of Montmartre itself.

As they stood amidst the cheering crowds and jubilant celebrations, Amélie couldn't help but feel a sense of pride and gratitude for the community she called home—a place where kindness and compassion flourished, and where the bonds of friendship and solidarity were stronger than any adversity they might face.

And as she looked into Pierre's eyes, his smile radiant with joy and gratitude, she knew in her heart that their journey was far from over. For in the tapestry of life, woven from threads of love and resilience, Amélie knew that every struggle was a chance to grow, every setback a stepping stone on the path to a brighter future.

Liaisons Littéraires

Avec un éclat dans les yeux et une passion pour le récit brûlant dans son cœur, Amélie entreprit d'organiser un club de lecture au Café Dubois - un rassemblement d'âmes aux mêmes idées désireuses d'explorer la riche tapisserie de la littérature et de participer à des discussions animées sur les grandes questions de la vie. Des romans classiques aux œuvres contemporaines de fiction, chaque livre servirait de catalyseur à l'exploration et à la découverte - un voyage de l'esprit et de l'âme qui unirait les cœurs et les esprits dans une quête commune de connaissance et de compréhension.

Alors que le mot se répandait dans tout Montmartre, un groupe diversifié d'amoureux des livres et de lecteurs assidus se précipitait au Café Dubois, leur enthousiasme palpable alors qu'ils attendaient avec impatience la réunion inaugurale du club de lecture. Parmi eux se trouvait Monsieur Renard, l'excentrique peintre dont la passion pour l'art n'était égalée que par son amour de la littérature, et Madame Dupont, la timide sculptrice dont le comportement discret cachait un intellect vif et une soif de connaissance.

Avec un sentiment d'anticipation dans l'air, Amélie accueillit ses invités à bras ouverts, son sourire rayonnant d'excitation alors qu'elle présentait le premier livre sélectionné pour la discussion - un classique intemporel qui avait captivé l'imagination des lecteurs depuis des générations.

Et ainsi, avec des tasses de café fumant à la main et des cœurs ouverts aux possibilités qui se présentaient, les membres du club de lecture plongèrent dans les pages de leur roman choisi, leurs esprits embrasés par la curiosité et l'émerveillement. Des profondeurs du désespoir aux sommets du triomphe, ils ont voyagé ensemble à travers les intricacies de l'expérience humaine, explorant des thèmes d'amour, de perte et de rédemption à chaque tour de page.

Mais au milieu des discussions animées et des débats passionnés, régnait un sentiment de camaraderie - un lien forgé à travers l'expérience partagée du récit et la joie de découvrir de nouveaux mondes et perspectives. Car dans les pages de leurs livres, les membres du club de lecture trouvaient non seulement du divertissement, mais aussi de l'illumination - une chance de voir le monde à travers des yeux différents et de se connecter avec les autres sur un niveau plus profond.

Au fil des semaines et des mois, le club de lecture prospéra, ses membres réunis par un amour partagé de la littérature et le désir d'explorer les grandes questions de la vie. Ils riaient et pleuraient, débattaient et discutaient, leurs esprits s'élargissant chaque jour alors qu'ils plongeaient plus profondément dans les mystères de la condition humaine.

Mais au-delà de la stimulation intellectuelle et des conversations stimulantes, il y avait quelque chose de plus - un sentiment d'appartenance, d'amitié, de communauté forgé par le pouvoir du récit. Et alors que les liens entre eux devenaient plus forts, Amélie réalisait l'impact réel du club de lecture sur la vie de ses membres - un témoignage du pouvoir transformateur de la littérature pour unir les cœurs et les esprits dans une quête commune de vérité et de compréhension.

Car, à la fin, il ne s'agissait pas seulement des livres eux-mêmes, mais des liens forgés entre ceux qui les lisaient - une tapisserie d'amitié et de camaraderie tissée à partir de fils d'amour et d'empathie.

Literary Liaisons

With a twinkle in her eye and a passion for storytelling burning bright within her heart, Amélie set out to organize a book club at Café Dubois—a gathering of like-minded souls eager to explore the rich tapestry of literature and engage in lively discussions about life's big questions. From classic novels to contemporary works of fiction, each book would serve as a catalyst for exploration and discovery—a journey of the mind and spirit that would unite hearts and minds in a shared pursuit of knowledge and understanding.

As word spread throughout Montmartre, a diverse group of book lovers and avid readers flocked to Café Dubois, their enthusiasm palpable as they eagerly awaited the inaugural meeting of the book club. Among them was Monsieur Renard, the eccentric painter whose passion for art was matched only by his love of literature, and Madame Dupont, the shy sculptor whose quiet demeanor belied a keen intellect and a thirst for knowledge.

With a sense of anticipation hanging in the air, Amélie welcomed her guests with open arms, her smile radiant with excitement as she introduced the first book selected for discussion—a timeless classic that had captured the imagination of readers for generations.

And so, with cups of steaming coffee in hand and hearts open to the possibilities that lay ahead, the members of the book club delved into the pages of their chosen novel, their minds ablaze with curiosity and wonder. From the depths of despair to the heights of triumph, they journeyed together through the intricacies of the human experience, exploring themes of love, loss, and redemption with each turn of the page.

But amidst the lively discussions and spirited debates, there lingered a sense of camaraderie—a bond forged through the shared experience of storytelling and the joy of discovering new worlds and perspectives. For in the pages of their books, the members of the book club found not just entertainment, but enlightenment—a chance to see the world through different eyes and connect with others on a deeper level.

As the weeks turned into months and the seasons changed, the book club flourished, its members drawn together by a shared love of literature and a desire to explore life's big questions. They laughed and cried, debated and discussed, their minds expanding with each passing day as they delved deeper into the mysteries of the human condition.

But amidst the intellectual stimulation and thought-provoking conversations, there was something more—a sense of belonging, of friendship, of community forged through the power of storytelling. And as the bonds between them grew stronger, Amélie realized the true impact of the book club on the lives of its members—a testament to the transformative power of literature to unite hearts and minds in a shared pursuit of truth and understanding.

For in the end, it was not just about the books themselves, but the connections forged between those who read them—a tapestry of friendship and camaraderie woven from threads of love and empathy.

Mélodies Musicales

Alors qu'elle s'affairait dans le café, répondant aux besoins de ses clients avec un sourire et un mot gentil, Amélie ne put s'empêcher de remarquer les sons mélancoliques d'une guitare flottant dans l'air - une mélodie qui semblait l'appeler depuis les rues en contrebas. Intriguée par le son, elle jeta un œil par la fenêtre pour découvrir un musicien talentueux qui sérénadait les passants avec ses mélodies magnifiquement envoûtantes - une silhouette solitaire baignée dans la lueur dorée du soleil couchant, ses doigts dansant sur les cordes avec une grâce naturelle.

Captivée par la musique et la passion avec laquelle elle était jouée, Amélie ressentit un élan dans son âme - un désir de se connecter avec le musicien mystérieux et de partager la joie de son art. Et ainsi, avec un sentiment de détermination brûlant dans son cœur, elle sortit dans la rue pour le saluer, sa curiosité éveillée et son esprit élevé par la promesse de la découverte.

"Bonjour," appela-t-elle avec un sourire chaleureux, sa voix portant à travers la place animée où se tenait le musicien. "Votre musique est vraiment enchanteresse. Aurais-je le plaisir d'en entendre plus?"

Le musicien se tourna vers elle avec un sourire, ses yeux pétillants de chaleur et de gratitude à ses gentilles paroles. "Merci, mademoiselle," répondit-il, sa voix douce et mélodieuse. "Ce serait un honneur de jouer pour vous."

Et ainsi, alors que le soleil disparaissait sous l'horizon et que les étoiles commençaient à scintiller au-dessus, Amélie se retrouva plongée dans le monde envoûtant de la musique du musicien - un monde où le temps semblait s'arrêter et les soucis du monde s'évanouir dans l'oubli. À chaque note qui résonnait dans l'air, elle sentait son cœur se gonfler d'émotion - une symphonie de joie et d'émerveillement qui éveillait son âme jusqu'au plus profond de son être.

Mais au milieu de la beauté et de la magie du moment, Amélie ne put se défaire du sentiment qu'il y avait quelque chose de plus - un sentiment de destin qui se déroulait devant ses yeux, comme les pages d'une histoire qui attendait d'être écrite. Et ainsi, avec un sentiment de détermination brûlant dans son cœur, elle tendit une invitation au musicien - une chance de partager sa musique avec le monde et d'inspirer les autres par sa passion et son talent.

"Accepteriez-vous de jouer lors d'un concert spécial ici au Café Dubois?" demanda-t-elle, sa voix emplie d'espoir et d'excitation. "Je crois que votre musique a le pouvoir d'apporter joie et inspiration à tous ceux qui l'écoutent, et ce serait un honneur de vous accueillir."

Les yeux du musicien s'élargirent de surprise devant son offre, son cœur empli de gratitude pour sa générosité et sa foi en ses capacités. "Je serais ravi," répondit-il, sa voix teintée d'émotion. "Merci, mademoiselle, de croire en moi."

Et ainsi, avec la scène prête et le café rempli à capacité, le musicien prit la lumière des projecteurs, sa guitare à la main et son cœur plein de passion. Alors que les premières notes de sa mélodie emplissaient l'air, un silence tomba sur la foule - un soupir collectif d'anticipation et d'émerveillement alors qu'ils se livraient à la magie de sa musique.

À chaque coup de guitare et à chaque parole sincère, le musicien tissait une tapisserie de sons et de sensations - une symphonie de joie et de nostalgie qui touchait les cœurs de tous ceux qui écoutaient. Des ballades tendres d'amour perdu et retrouvé aux hymnes entraînants d'espoir et de résilience, sa musique parlait aux vérités universelles de l'expérience humaine, comblant l'écart entre les cœurs et les esprits avec ses mélodies qui éveillaient l'âme.

Et lorsque le concert toucha à sa fin et que le public éclata en applaudissements, Amélie ne put s'empêcher de ressentir un sentiment de fierté et d'accomplissement devant le succès de l'événement. Car dans la musique du musicien, elle avait découvert non seulement un artiste talentueux, mais un esprit semblable au sien - une âme dont la passion pour la musique reflétait la sienne, et dont l'amitié elle chérissait plus que des mots ne pourraient l'exprimer.

Alors qu'ils se tenaient ensemble au milieu des applaudissements et des acclamations, leurs cœurs remplis de gratitude et de joie, Amélie savait dans son cœur que la magie de la musique les avait réunis pour une raison - une raison qui transcendait les frontières du temps et de l'espace, et les connectait dans un lien qui durerait toute une vie.

Et alors qu'ils regardaient les étoiles scintiller au-dessus, leurs esprits s'élevant sur les ailes de la musique et de l'amour, Amélie savait que leur voyage était loin d'être terminé.

Musical Melodies

As she bustled about the café, attending to the needs of her patrons with a smile and a kind word, Amélie couldn't help but notice the soulful strains of a guitar drifting through the air—a melody that seemed to call out to her from the streets below. Intrigued by the sound, she peeked out the window to discover a talented musician serenading passersby with his hauntingly beautiful melodies—a lone figure bathed in the golden glow of the setting sun, his fingers dancing across the strings with effortless grace.

Captivated by the music and the passion with which it was played, Amélie felt a stirring in her soul—a longing to connect with the mysterious musician and share in the joy of his artistry. And so, with a sense of determination burning bright within her heart, she stepped out into the street to greet him, her curiosity piqued and her spirits lifted by the promise of discovery.

"Bonjour," she called out with a warm smile, her voice carrying across the bustling square to where the musician stood. "Your music is truly enchanting. Might I have the pleasure of hearing more?"

The musician turned towards her with a smile, his eyes sparkling with warmth and gratitude at her kind words. "Merci, mademoiselle," he replied, his voice soft and melodious. "I would be honored to play for you."

And so, as the sun dipped below the horizon and the stars began to twinkle overhead, Amélie found herself drawn into the spellbinding world of the musician's music—a world where time seemed to stand still and the worries of the world faded into oblivion. With each note that reverberated through the air, she felt her heart swell with emotion—a symphony of joy and wonder that stirred her soul to its very core.

But amidst the beauty and the magic of the moment, Amélie couldn't shake the feeling that there was something more—a sense of destiny unfolding before her eyes, like the pages of a story waiting to be written. And so, with a sense of purpose burning bright within her heart, she extended an invitation to the musician—a chance to share his music with the world and inspire others with his passion and talent.

"Would you consider performing at a special concert here at Café Dubois?" she asked, her voice filled with hope and excitement. "I believe your music has the power to bring joy and inspiration to all who listen, and I would be honored to host you."

The musician's eyes widened in surprise at her offer, his heart filled with gratitude for her generosity and faith in his abilities. "I would be delighted," he replied, his voice tinged with emotion. "Thank you, mademoiselle, for believing in me."

And so, with the stage set and the café filled to capacity, the musician took to the spotlight, his guitar in hand and his heart full of passion. As the first notes of his melody filled the air, a hush fell over the crowd—a collective sigh of anticipation and wonder as they surrendered themselves to the magic of his music.

With each strum of the guitar and each heartfelt lyric, the musician wove a tapestry of sound and sensation—a symphony of joy and longing that touched the hearts of all who listened. From the tender ballads of love lost and found to the rousing anthems of hope and resilience, his music spoke to the universal truths of the human experience, bridging the gap between hearts and minds with its soul-stirring melodies.

And as the concert drew to a close and the audience erupted into applause, Amélie couldn't help but feel a sense of pride and fulfillment at the success of the event. For in the music of the musician, she had discovered not just a talented artist, but a kindred spirit—a soul whose passion for music mirrored her own, and whose friendship she cherished more than words could express.

As they stood together amidst the applause and the cheers, their hearts filled with gratitude and joy, Amélie knew in her heart that the magic of music had brought them together for a reason—a reason that transcended the boundaries of time and space, and connected them in a bond that would last a lifetime.

And as they watched the stars twinkle overhead, their spirits soaring on the wings of music and love, Amélie knew that their journey was far from over.

Saisons de Changement

Alors que les saisons peignaient leurs teintes sur le paysage, le café se transformait avec elles - un reflet des rythmes de vie toujours changeants. Et c'était ici, au milieu du va-et-vient des clients et des conversations, qu'Amélie Dubois se retrouvait prise dans les courants du changement, naviguant à travers les marées changeantes du temps avec grâce et résilience.

Avec l'arrivée du printemps, le Café Dubois refleurissait à nouveau, ses fenêtres grandes ouvertes pour accueillir les douces brises qui dansaient dans les rues de Montmartre. Alors que le parfum du café fraîchement infusé se mêlait aux effluves des fleurs de printemps, Amélie s'affairait à préparer le menu saisonnier du café - une ode culinaire aux saveurs vibrantes de la saison.

Des salades délicates débordant de verdure croquante et de fraises juteuses aux quiches savoureuses remplies d'asperges tendres et de crémeux fromage de chèvre, chaque plat était une célébration du trésor du printemps - un festin pour les sens qui laissait les clients désireux de plus. Et tandis qu'ils savouraient chaque bouchée, leurs cœurs se remplissaient de gratitude pour les simples plaisirs de la bonne nourriture et de la bonne compagnie.

Mais alors que les jours se transformaient en semaines et que les saisons passaient du printemps à l'été, le Café Dubois subissait une nouvelle transformation. Avec l'arrivée des fruits mûrs au soleil et des herbes parfumées, le menu du café évoluait pour embrasser les saveurs de l'été - une symphonie de couleurs vives et de saveurs audacieuses qui dansaient sur le palais à chaque bouchée.

Des salades rafraîchissantes débordantes de tomates mûres et de basilic parfumé aux desserts decadents ornés de baies dodues et de crémeux chantilly, chaque plat était un hommage à l'abondance de la saison - une célébration de la vie et de toutes ses délicieuses offrandes. Et alors que les clients s'attardaient sur leurs repas, se réchauffant au soleil estival, ils ne pouvaient s'empêcher de ressentir une gratitude pour les joies simples de la bonne nourriture et de la bonne compagnie.

Mais au milieu des rires et des conversations, Amélie ne pouvait pas chasser le sentiment qu'il manquait quelque chose - un vide qui persistait au plus profond de son âme, tel une ombre projetée par le soleil. Car au milieu du changement, elle se retrouvait à lutter contre le passage du temps et l'incertitude de l'avenir - un rappel de la fragilité de la vie et de la nature éphémère du bonheur.

Pourtant, au milieu de l'incertitude et du doute, il restait un espoir étincelant - un phare de lumière dans les ténèbres qui la guidait à travers la tempête. Car dans les liens de l'amitié et de la communauté, Amélie trouvait réconfort et force - un rappel qu'elle n'était pas seule dans son voyage, mais entourée d'amour et de soutien de ceux qui lui étaient chers. Alors que les saisons changeaient et que les jours raccourcissaient, Amélie se retrouvait entraînée dans un tourbillon d'activité - un tourbillon de rires et de conversations qui remplissait le café de chaleur et de joie. Avec chaque jour qui passait, de nouveaux liens se tissaient, de nouveaux souvenirs étaient créés, et le Café Dubois devenait un lieu où les gens de tous horizons pouvaient se retrouver et trouver un terrain d'entente.

Mais alors que les jours se transformaient en semaines et que les saisons passaient une fois de plus, Amélie ne pouvait pas chasser le sentiment que le changement était à l'horizon - un sentiment d'anticipation suspendu dans l'air comme un orage qui se préparait à l'horizon. Et ainsi, avec un mélange de crainte et d'excitation, elle embrassait l'inconnu, sachant que quoi que l'avenir lui réservait, elle le ferait face avec courage et grâce.

Car dans la tapisserie de sa vie, tissée à partir des fils d'amour et de perte, Amélie savait que chaque saison apportait son lot de nouveaux défis et de nouvelles opportunités de croissance et de transformation. Et alors qu'elle contemplait le monde avec des yeux remplis d'espoir et de merveille, elle savait que le meilleur était à venir - une célébration de la beauté toujours changeante de la vie et des liens indestructibles de l'amitié et de la communauté qui la soutenaient à travers les saisons du changement.

Seasons of Change

As the seasons painted their hues upon the landscape, the café transformed along with them—a reflection of the ever-changing rhythms of life. And it was here, amidst the ebb and flow of customers and conversations, that Amélie Dubois found herself caught in the currents of change, navigating the shifting tides of time with grace and resilience.

With the arrival of spring, Café Dubois blossomed anew, its windows flung wide open to welcome the warm breezes that danced through the streets of Montmartre. As the scent of freshly brewed coffee mingled with the fragrant blooms of spring flowers, Amélie busied herself preparing the café's seasonal menu—a culinary ode to the vibrant flavors of the season.

From delicate salads bursting with crisp greens and juicy strawberries to savory quiches filled with tender asparagus and creamy goat cheese, each dish was a celebration of spring's bounty—a feast for the senses that left patrons longing for more. And as they savored each mouthful, their hearts filled with gratitude for the simple pleasures of good food and good company.

But as the days turned into weeks and the seasons shifted from spring to summer, Café Dubois underwent yet another transformation. With the arrival of sun-ripened fruits and fragrant herbs, the café's menu evolved to embrace the flavors of summer—a symphony of vibrant colors and bold flavors that danced across the palate with each bite.

From refreshing salads bursting with ripe tomatoes and fragrant basil to decadent desserts adorned with plump berries and velvety whipped cream, every dish was a tribute to the abundance of the season—a celebration of life and all its delicious offerings. And as patrons lingered over their meals, basking in the warmth of the summer sun, they couldn't help but feel a sense of gratitude for the simple joys of good food and good company.

But amidst the laughter and the chatter, Amélie couldn't shake the feeling that something was missing—a sense of emptiness that lingered in the depths of her soul, like a shadow cast by the sun. For in the midst of change, she found herself grappling with the passage of time and the uncertainty of the future—a reminder of the fragility of life and the fleeting nature of happiness.

And yet, amidst the uncertainty and the doubt, there remained a glimmer of hope—a beacon of light in the darkness that guided her through the storm. For in the bonds of friendship and community, Amélie found solace and strength—a reminder that she was not alone in her journey, but surrounded by love and support from those who cared for her deeply.

As the seasons changed and the days grew shorter, Amélie found herself drawn into a whirlwind of activity—a flurry of laughter and conversation that filled the café with warmth and joy. With each passing day, new connections were forged, new memories were made, and Café Dubois became a place where people from all walks of life could come together and find common ground.

But as the days turned into weeks and the seasons shifted once more, Amélie couldn't shake the feeling that change was on the horizon—a sense of anticipation that hung in the air like a storm brewing on the horizon. And so, with a sense of trepidation and excitement, she embraced the unknown, knowing that whatever the future held, she would face it with courage and grace.

For in the tapestry of her life, woven from threads of love and loss, Amélie knew that every season brought with it new challenges and new opportunities for growth and transformation. And as she looked out upon the world with eyes full of hope and wonder, she knew that the best was yet to come—a celebration of the ever-changing beauty of life

and the enduring bonds of friendship and community that sustained her
through the seasons of change.

Un Nouveau Départ

Alors qu'elle s'activait dans le café, répondant aux besoins de ses clients avec un sourire et un mot gentil, Amélie ne pouvait s'empêcher de ressentir un sentiment de nostalgie s'insinuer - un désir pour les jours révolus et les souvenirs qu'ils chérissaient. Car dans la tapisserie de sa vie, tissée de fils d'amour et de perte, elle avait traversé de nombreuses tempêtes et surmonté de nombreux obstacles, émergeant plus forte et plus sage chaque jour qui passait.

Et pourtant, au milieu de la nostalgie et du désir, il y avait un sentiment d'excitation - un sentiment d'anticipation pour l'avenir qui se dessinait, attendant d'être découvert. Car dans la prochaine célébration d'anniversaire du café, Amélie ne voyait pas seulement une étape à marquer, mais une occasion de célébrer le voyage qu'elle avait entrepris et la communauté qui l'avait soutenue à chaque étape du chemin.

Avec un éclat dans les yeux et un pas léger, Amélie se mit à préparer les festivités - un travail d'amour qui rassemblerait amis, famille et fidèles clients pour célébrer l'histoire riche et l'héritage durable du Café Dubois. Des décorations ornant les murs aux friandises spéciales au menu, chaque détail était soigneusement considéré pour s'assurer que la célébration de l'anniversaire serait un jour à se souvenir - un témoignage du travail acharné et du dévouement qui avaient contribué à faire du café l'institution chérie qu'il était devenu.

Mais au milieu des préparatifs et de l'excitation, Amélie ne pouvait se défaire du sentiment qu'il manquait quelque chose - un sentiment de vide qui persistait au plus profond de son âme, comme une ombre projetée par le soleil. Car au milieu de la célébration, elle se retrouvait aux prises avec le passage du temps et l'incertitude de l'avenir - un rappel de la fragilité de la vie et de la nature éphémère du bonheur.

Et pourtant, au milieu de l'incertitude et du doute, il restait un éclat d'espoir - un phare de lumière dans les ténèbres qui la guidait à travers la tempête. Car dans les liens de l'amitié et de la communauté, Amélie trouvait réconfort et force - un rappel qu'elle n'était pas seule dans son voyage, mais entourée d'amour et de soutien de la part de ceux qui lui étaient chers.

Alors que le jour de la célébration de l'anniversaire arrivait, le café bourdonnait d'excitation et d'anticipation, ses murs résonnant des rires et des conversations des amis et des proches réunis pour célébrer une étape atteinte. Des plus jeunes clients aux plus âgés, tous se rassemblaient pour partager la joie de l'occasion - un témoignage de l'esprit indéfectible de Montmartre et des traditions intemporelles qui unissaient ses habitants.

Alors que les festivités se déroulaient et que les heures passaient, Amélie se retrouvait entourée de visages familiers et de nouvelles connaissances, chacun étant un rappel de l'impact que le Café Dubois avait eu sur leur vie. De Monsieur Renard, le peintre excentrique dont les coups de pinceau audacieux capturaient l'essence de la vie parisienne, à Madame Dupont, la sculptrice timide dont les créations délicates parlaient volumes dans leur grâce silencieuse, le café était un lieu où les gens de tous horizons pouvaient se rassembler et trouver un terrain d'entente.

Mais au milieu des réjouissances et de la célébration, Amélie ne pouvait se défaire du sentiment qu'il y avait quelque chose de plus - un sentiment de but qui l'appelait des profondeurs de son âme. Car dans l'anniversaire du café, elle ne voyait pas seulement une chance de regarder en arrière sur le passé, mais une opportunité d'embrasser l'avenir à bras ouverts - de nouer de nouveaux liens, d'explorer de nouvelles possibilités et de continuer le voyage qu'elle avait commencé il y a tant d'années.

Alors qu'elle se tenait au milieu de la foule, le cœur plein et l'esprit en fête, Amélie savait que la vraie essence de Montmartre ne résidait pas dans ses monuments ou ses attractions, mais dans l'esprit collectif de ses habitants et les traditions intemporelles qu'ils chérissaient. Et alors qu'elle contemplait le monde avec des yeux emplis d'espoir et de merveille, elle savait que le meilleur restait à venir - un nouveau départ qui attendait de se déployer, rempli de possibilités infinies et d'opportunités sans limites pour la croissance et la découverte.

A New Beginning

As she bustled about the café, attending to the needs of her patrons with a smile and a kind word, Amélie couldn't help but feel a sense of nostalgia creeping in—a longing for the days gone by and the memories they held dear. For in the tapestry of her life, woven from threads of love and loss, she had weathered many storms and overcome many obstacles, emerging stronger and wiser with each passing day.

And yet, amidst the nostalgia and the longing, there was a sense of excitement—a feeling of anticipation for the future that lay ahead, waiting to be discovered. For in the café's upcoming anniversary celebration, Amélie saw not just a milestone to be marked, but a chance to celebrate the journey she had undertaken and the community that had supported her every step of the way.

With a twinkle in her eye and a spring in her step, Amélie set out to prepare for the festivities—a labor of love that would bring together friends, family, and loyal customers in celebration of Café Dubois' rich history and enduring legacy. From decorations adorning the walls to special treats on the menu, every detail was carefully considered to ensure that the anniversary celebration would be a day to remember—a testament to the hard work and dedication that had gone into building the café into the beloved institution it had become.

But amidst the preparations and the excitement, Amélie couldn't shake the feeling that something was missing—a sense of emptiness that lingered in the depths of her soul, like a shadow cast by the sun. For in the midst of celebration, she found herself grappling with the passage of time and the uncertainty of the future—a reminder of the fragility of life and the fleeting nature of happiness.

And yet, amidst the uncertainty and the doubt, there remained a glimmer of hope—a beacon of light in the darkness that guided her through the storm. For in the bonds of friendship and community, Amélie found solace and strength—a reminder that she was not alone in her journey, but surrounded by love and support from those who cared for her deeply.

As the day of the anniversary celebration arrived, the café buzzed with excitement and anticipation, its walls echoing with the laughter and chatter of friends and loved ones gathered together in celebration of a milestone achieved. From the youngest patrons to the oldest, everyone came together to share in the joy of the occasion—a testament to the enduring spirit of Montmartre and the timeless traditions that bound its people together.

As the festivities unfolded and the hours passed, Amélie found herself surrounded by familiar faces and new acquaintances alike, each one a reminder of the impact Café Dubois had made on their lives. From Monsieur Renard, the eccentric painter whose bold brushstrokes captured the essence of Parisian life, to Madame Dupont, the shy sculptor whose delicate creations spoke volumes in their silent grace, the café was a place where people from all walks of life could come together and find common ground.

But amidst the revelry and celebration, Amélie couldn't shake the feeling that there was something more—a sense of purpose that beckoned to her from the depths of her soul. For in the café's anniversary, she saw not just a chance to look back on the past, but an opportunity to embrace the future with open arms—to forge new connections, explore new possibilities, and continue the journey she had begun so many years ago.

As she stood amidst the crowd, her heart full and her spirits soaring, Amélie knew that the true essence of Montmartre lay not in its landmarks or attractions, but in the collective spirit of its people and the timeless traditions they held dear. And as she looked out upon the world with eyes full of hope and wonder, she knew that the best was yet to come—a new beginning waiting to unfold, filled with endless possibilities and boundless opportunities for growth and discovery.